James Madison

Jill K. Mulhall, M. Ed.

Índice

Un pequeño gran estadounidense

James Madison era un hombre menudo y callado. No daba discursos enardecedores. No le interesaba llamar la atención. Pero fue un importante **Padre Fundador**. Madison ayudó a crear el gobierno. Era presidente cuando su joven país fue a la guerra. La gente lo llamaba "el Pequeño Gran Madison".

James Madison

▼ Madison fue un miembro importante de los primeros congresos.

Años dedicados a aprender

James Madison Jr. nació el 16 de marzo de 1751. Su familia era muy adinerada. Vivían en una enorme **plantación** en Virginia central. Su casa se llamaba Montpelier.

Madison era inteligente y curioso. Le encantaba leer. A los 11 años, ya había leído todos los libros que tenía su padre. Entonces, lo enviaron a una escuela lejos de su hogar. Estuvo allí durante cinco años. Estudió muchas materias diferentes. Aprendió griego, latín y francés.

Al cumplir 19 años, Madison se marchó a College of New Jersey. En la actualidad, esta universidad se conoce como la Universidad de Princeton. Se esforzó mucho. Terminó la universidad en apenas dos años.

Salud frágil

Madison era un niño enfermizo. Era pequeño y se cansaba muy fácilmente. A veces, tenía convulsiones. Él las llamaba la "enfermedad de las caídas". Cuando fue a la universidad todavía era menudo y débil. Parecía un muchacho de 13 o 14 años. Fue muy valiente al viajar tan lejos de su hogar.

James Madison en su juventud

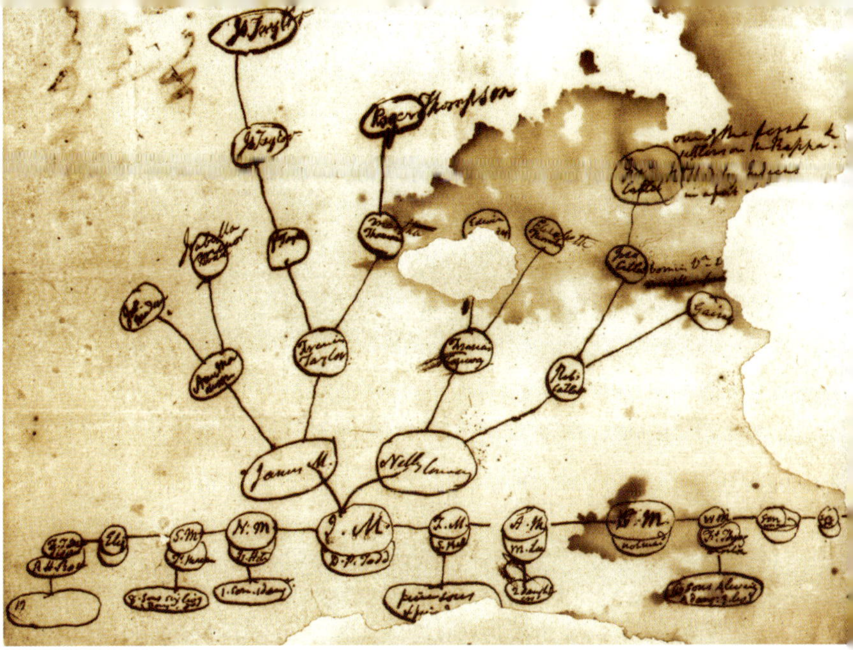

Madison armó su árbol genealógico.

▲ La Universidad de Princeton se conocía con el nombre de College of New Jersey.

▲ El hogar de Madison en Virginia

¿Qué hago ahora?

Después de la universidad, Madison volvió a su hogar en Montpelier. No sabía qué hacer a continuación. La mayoría de sus compañeros de clase se convirtieron en abogados o ministros. Pero Madison no estaba interesado en esos trabajos. Además, estaba cansado de los años en la universidad.

Le gustaba leer sobre temas de la actualidad. Muchos colonos se sentían frustrados con sus líderes en Gran Bretaña. Madison estaba de acuerdo con ellos. Creía que los pobladores de América del Norte debían tener un mayor poder de decisión en sus propias vidas.

En 1774, Madison fue **elegido** para su primer cargo en el gobierno. Su tarea consistía en asegurarse de que las personas apoyaran la colonia de Virginia, y no a Gran Bretaña.

Madison también se unió a la **milicia**. El primer día de ejercicios, se desmayó. Se dio cuenta de que nunca sería lo suficientemente fuerte para ir a la guerra.

Compra del derecho al voto

No todas las personas tenían permitido votar en la época colonial. Solo los hombres que eran propietarios de tierras tenían este derecho. También eran los únicos que podían postularse para un cargo en las elecciones. Madison quería poder hacer estas cosas. Entonces, en 1774, le compró 200 acres de tierra a su padre.

Estos son miembros del Ejército Colonial. Madison no era lo suficientemente fuerte para tener éxito en el ejército.

Creación de las leyes de Virginia

Estados Unidos declaró su independencia de Gran Bretaña en 1776. Ahora, Virginia necesitaría nuevas leyes propias. Virginia organizó una **convención** especial para redactar estas leyes. Madison era un **delegado**. Tenía apenas 25 años de edad. Madison no habló mucho durante los debates. Pero le gustaba escuchar.

Carta de Derechos de Virginia ▼

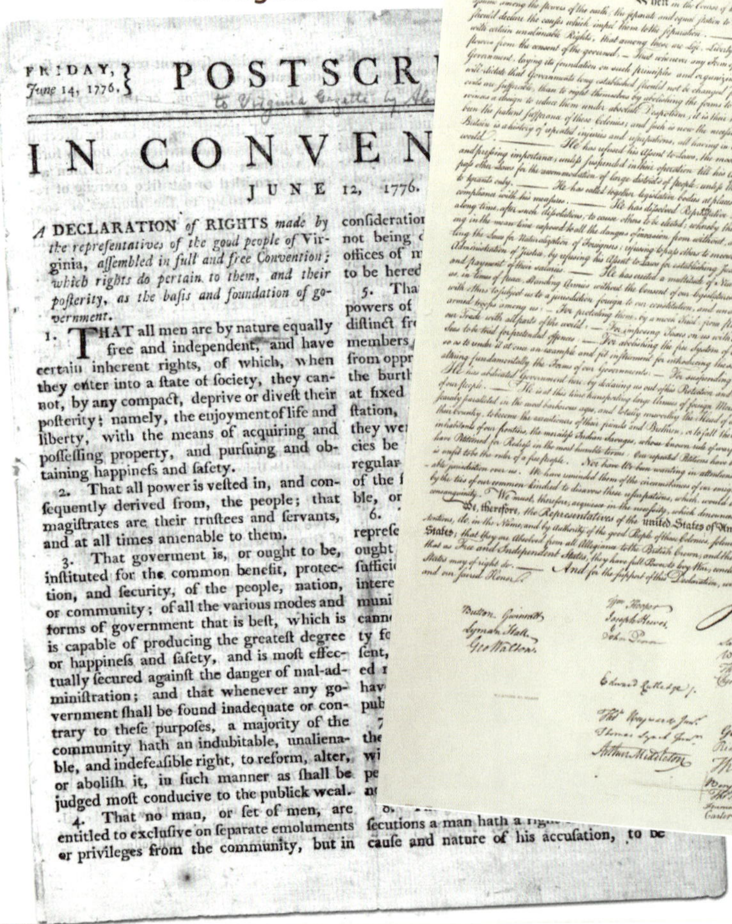

FRIDAY, June 14, 1776. } POSTSCR

IN CONVEN

JUNE 12, 1776.

A DECLARATION *of* RIGHTS *made by the repreſentatives of the good people of Virginia, aſſembled in full and free Convention; which rights do pertain to them, and their poſterity, as the baſis and foundation of government.*

1. THAT all men are by nature equally free and independent, and have certain inherent rights, of which, when they enter into a ſtate of ſociety, they cannot, by any compact, deprive or diveſt their poſterity; namely, the enjoyment of life and liberty, with the means of acquiring and poſſeſſing property, and purſuing and obtaining happineſs and ſafety.

2. That all power is veſted in, and conſequently derived from, the people; that magiſtrates are their truſtees and ſervants, and at all times amenable to them.

3. That government is, or ought to be, inſtituted for the common benefit, protection, and ſecurity, of the people, nation, or community; of all the various modes and forms of government that is beſt, which is capable of producing the greateſt degree of happineſs and ſafety, and is moſt effectually ſecured againſt the danger of mal-adminiſtration; and that whenever any government ſhall be found inadequate or contrary to theſe purpoſes, a majority of the community hath an indubitable, unalienable, and indefeaſible right, to reform, alter, or aboliſh it, in ſuch manner as ſhall be judged moſt conducive to the publick weal.

4. That no man, or ſet of men, are entitled to excluſive or ſeparate emoluments or privileges from the community, but in

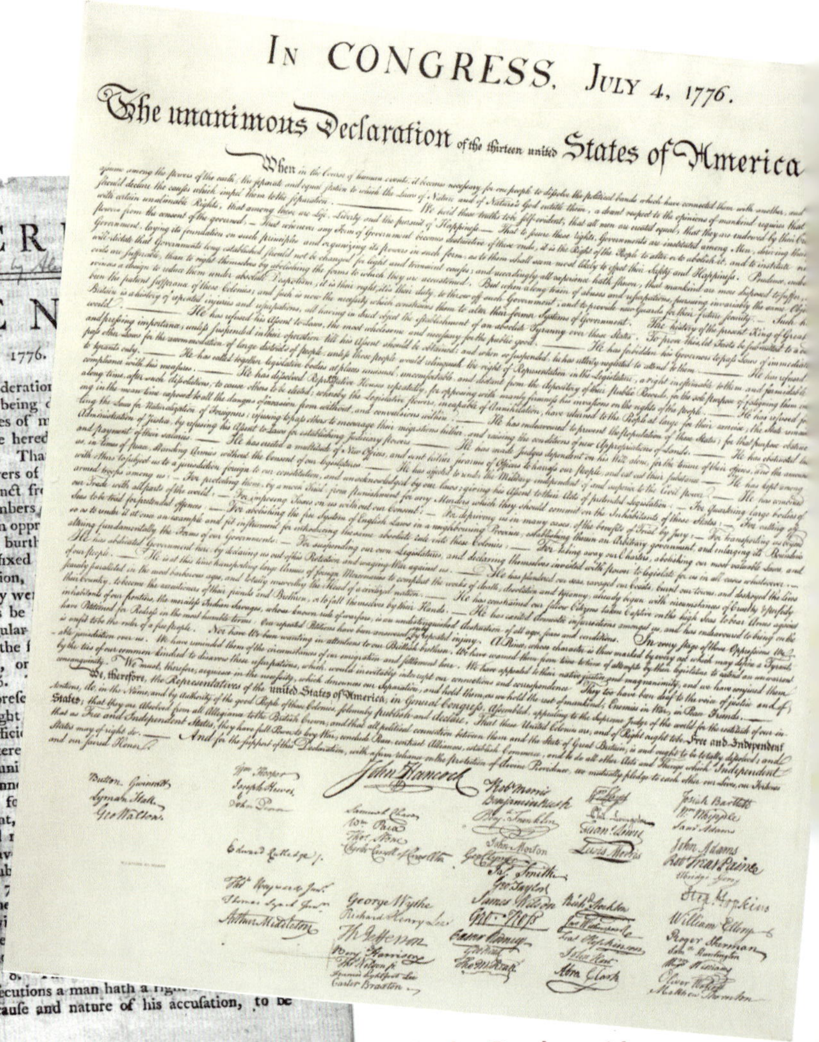

IN CONGRESS, JULY 4, 1776.

The unanimous Declaration of the thirteen united States of America

▲ La Declaración de Independencia

Un amigo para toda la vida

Thomas Jefferson también era miembro del Consejo de Estado. Por fuera, él y Madison parecían ser muy diferentes. Pero descubrieron que tenían muchas cosas en común. Por ejemplo, ambos creían que las personas debían poder elegir su propia religión. Los dos hombres se hicieron buenos amigos. Fueron amigos cercanos toda la vida.

Tanto Thomas Jefferson como Madison provenían de las plantaciones de Virginia.

Al año siguiente, Madison se postuló para formar parte de la nueva Cámara de Delegados de Virginia. El día de las elecciones, su oponente ofreció güisqui gratis a todos los que votaran por él. A nadie le sorprendió que Madison perdiera.

Sin embargo, Madison fue elegido para ser miembro del Consejo de Estado. Estos ocho hombres ayudaban al gobernador a tomar decisiones. En este trabajo, Madison aprendió mucho sobre cómo funcionaba el gobierno. Se dio cuenta de que no importaba solamente tener grandes ideas. Liderar también requiere mucho trabajo y **transigencia**.

Un plan que no funcionó

Madison fue al Congreso Continental cuando tenía 28 años. Allí, era uno de los hombres más jóvenes. Estaba entusiasmado por la idea de una **democracia**, en la que las personas manejaran su propio gobierno.

El Congreso había hecho un plan para el gobierno **federal**. Se llamó Artículos de la Confederación. Madison ayudó a que los estados aceptaran este plan.

▼ Primeras reuniones del Congreso Continental

Rebelión de Shays

Los granjeros de Massachusetts pasaron por un período difícil en la década de 1780. Muchos no pudieron pagar sus cuentas. Algunos perdieron sus granjas. Pero el gobierno no los ayudó. Un hombre llamado Daniel Shays organizó una **rebelión** en 1787. Amenazó con empezar una guerra. El Congreso no podía hacer nada. No tenía ejército ni poder. Esto asustó a las personas. Decidieron que el gobierno federal debía corregirse.

Durante la rebelión de Shays, los rebeldes tomaron el control de un tribunal.

En pocos años, pudo ver que el plan no estaba funcionando. Cada uno de los diferentes estados tenía sus propios gobiernos y leyes. No trabajaban juntos. El gobierno federal era demasiado débil para hacer algo al respecto.

Algunos líderes convocaron una reunión especial. Querían mejorar el gobierno. Otros líderes decían que ya estaba bien así. Madison quería un cambio. Ayudó a organizar la Convención Constitucional de Filadelfia en mayo de 1787.

▲ La Convención Constitucional

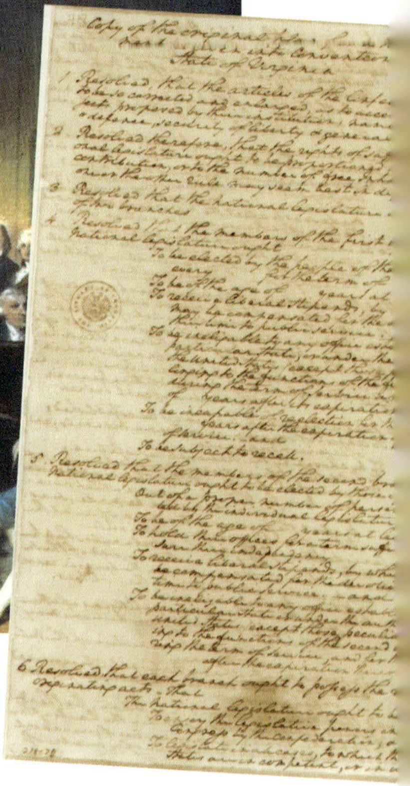

El plan de Virginia ▶

Propuesta de un nuevo plan

Madison trabajó mucho para estar preparado para la convención. Leyó sobre gobiernos anteriores. Reflexionó sobre por qué funcionaban o no.

A Madison se le ocurrió un plan que llamó el Plan de Virginia. En este plan, la **población** de cada estado determinaba la cantidad de personas que tendría en el Congreso. El plan también organizaba el gobierno en tres **ramas**. Cada una tendría diferentes poderes.

Madison dio muchos discursos. Trabajó para obtener apoyo para sus ideas. Pero también sabía que a veces tenía que transigir. Madison tomaba notas sobre todo lo que sucedía. Las guardaba cuidadosamente.

La Constitución de Estados Unidos se terminó de redactar el 17 de septiembre de 1787. Fue **ratificada** al año siguiente. Muchos hombres contribuyeron con sus ideas al **documento** final. Pero, en su mayoría, se creó con las ideas de Madison.

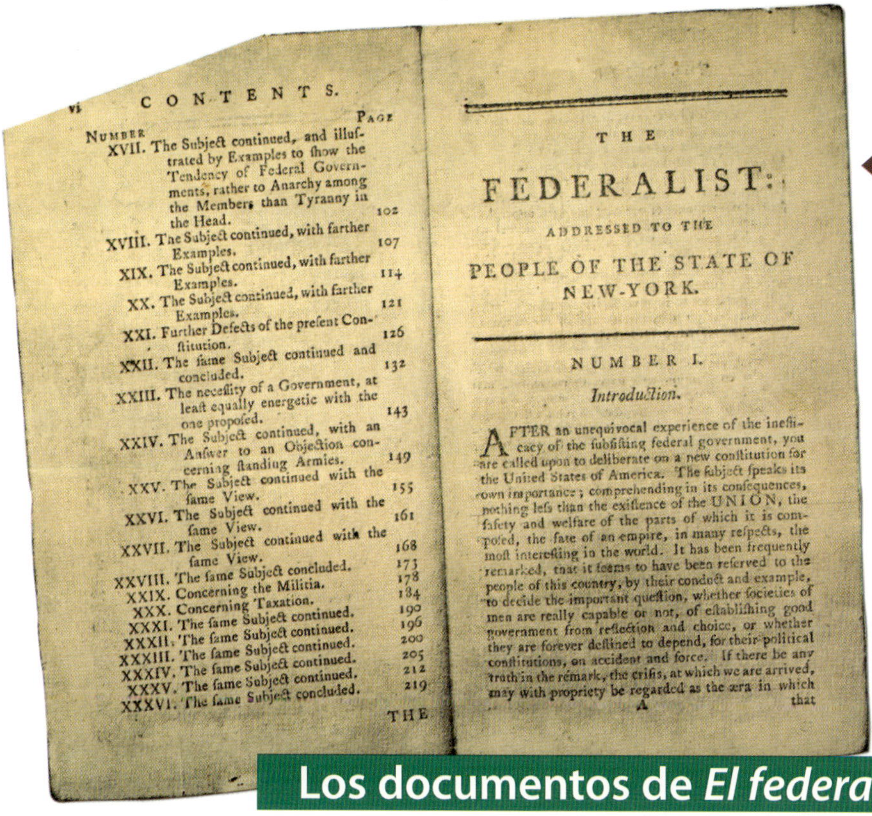
vi CONTENTS.

Number		Page
XVII.	The Subject continued, and illuſtrated by Examples to ſhow the Tendency of Federal Governments, rather to Anarchy among the Members than Tyranny in the Head.	102
XVIII.	The Subject continued, with farther Examples.	107
XIX.	The Subject continued, with farther Examples.	114
XX.	The Subject continued, with farther Examples.	121
XXI.	Further Defects of the preſent Conſtitution.	126
XXII.	The ſame Subject continued and concluded.	132
XXIII.	The neceſſity of a Government, at leaſt equally energetic with the one propoſed.	143
XXIV.	The Subject continued, with an Anſwer to an Objection concerning ſtanding Armies.	149
XXV.	The Subject continued with the ſame View.	155
XXVI.	The Subject continued with the ſame View.	161
XXVII.	The Subject continued with the ſame View.	168
XXVIII.	The ſame Subject concluded.	173
XXIX.	Concerning the Militia.	178
XXX.	Concerning Taxation.	184
XXXI.	The ſame Subject continued.	190
XXXII.	The ſame Subject continued.	196
XXXIII.	The ſame Subject continued.	200
XXXIV.	The ſame Subject continued.	205
XXXV.	The ſame Subject continued.	212
XXXVI.	The ſame Subject concluded.	219

THE

THE

FEDERALIST:

ADDRESSED TO THE

PEOPLE OF THE STATE OF NEW-YORK.

NUMBER I.

Introduction.

AFTER an unequivocal experience of the ineſficacy of the ſubſiſting federal government, you are called upon to deliberate on a new conſtitution for the United States of America. The ſubject ſpeaks its own importance; comprehending in its conſequences, nothing leſs than the exiſtence of the UNION, the ſafety and welfare of the parts of which it is compoſed, the fate of an empire, in many reſpects, the moſt intereſting in the world. It has been frequently remarked, that it ſeems to have been reſerved to the people of this country, by their conduct and example, to decide the important queſtion, whether ſocieties of men are really capable or not, of eſtabliſhing good government from reflection and choice, or whether they are forever deſtined to depend, for their political conſtitutions, on accident and force. If there be any truth in the remark, the criſis, at which we are arrived, may with propriety be regarded as the æra in which

A that

◀ James Madison, John Jay y Alexander Hamilton escribieron a favor de la Constitución.

Los documentos de *El federalista*

Muchas personas estaban confundidas con la nueva Constitución. No comprendían todos los detalles. Madison, Alexander Hamilton y John Jay escribieron muchos artículos en el periódico para explicar el nuevo plan. Más tarde, estos artículos se transformaron en un libro titulado *El federalista*. Este libro ayudó a convencer a las personas para que apoyaran la Constitución.

▲ **El nuevo capitolio en Washington D. C. se construyó a partir de 1793.**

Organización del gobierno

Madison fue elegido para formar parte de la nueva Cámara de Representantes de Estados Unidos. Era un lugar confuso. Los miembros tenían que elaborar reglas sobre la marcha. Estaban muy atareados. Madison era un líder. Siempre fomentó la acción y no solo las palabras.

Madison ayudó a crear el sistema de tribunales de la nación. También ayudó a decidir qué tipo de consejeros necesitaría el presidente.

Su proyecto más importante fue la Carta de Derechos. Se trataba de una nueva sección de la Constitución. Enumeraba los derechos básicos. Se prometían estos derechos a cada uno de los estadounidenses. Madison elaboró la lista. Luego argumentó a favor de ella en el Congreso. Fue un gran día para él cuando la lista fue ratificada en diciembre de 1791.

Un escritor atareado

Muchas personas respetaban a Madison debido a la Constitución. Acudían a él en busca de ayuda para sus proyectos. El presidente George Washington tenía que dar un discurso para instalar el nuevo Congreso. Le pidió a Madison que lo escribiera por él. Luego, Madison escribió la respuesta del Congreso. Y, por último, ¡escribió la carta de agradecimiento de Washington al Congreso!

▲ Este es el bosquejo del discurso de Madison para presentar la Carta de Derechos ante el Congreso.

James Madison

Un corto retiro

En 1793, Madison conoció a una viuda llamada Dolley Payne Todd. Ella era muy diferente de Madison. Dolley era amigable y divertida. Él era serio y callado. Pero, de algún modo, se complementaron. Se casaron el 15 de septiembre de 1794.

Madison estaba listo para dejar el Congreso. Estaba cansado de todas las peleas en la **política**. Llevó a Dolley a su hogar en Montpelier.

▼ Dolley Payne Todd Madison

▼ Los muelles estadounidenses estaban vacíos debido al embargo.

Thomas Jefferson, gran amigo de Madison, se convirtió en presidente en 1801. Le pidió a Madison que fuera su secretario de estado. Madison ayudaría a decidir cómo trabajar con otros países. Madison aceptó. Él y Dolley se mudaron a la nueva ciudad capital, Washington D. C.

El nuevo trabajo de Madison era difícil. Estados Unidos tenía problemas con Gran Bretaña y Francia. Sus barcos estaban deteniendo los barcos estadounidenses en el mar. Los británicos tomaban mercancías o, algunas veces, robaban barcos completos.

Thomas Jefferson

Una mala idea

Jefferson y Madison convencieron al Congreso de que promulgara un **embargo** en 1807. Este hizo que fuera ilegal que los barcos estadounidenses llevaran mercancías a otros países. Con esto, Estados Unidos esperaba poder hacer que se respetaran sus derechos. Pero el plan falló. En su lugar, los europeos comerciaron con otros países. Los hombres de negocios estadounidenses fueron quienes pasaron momentos difíciles.

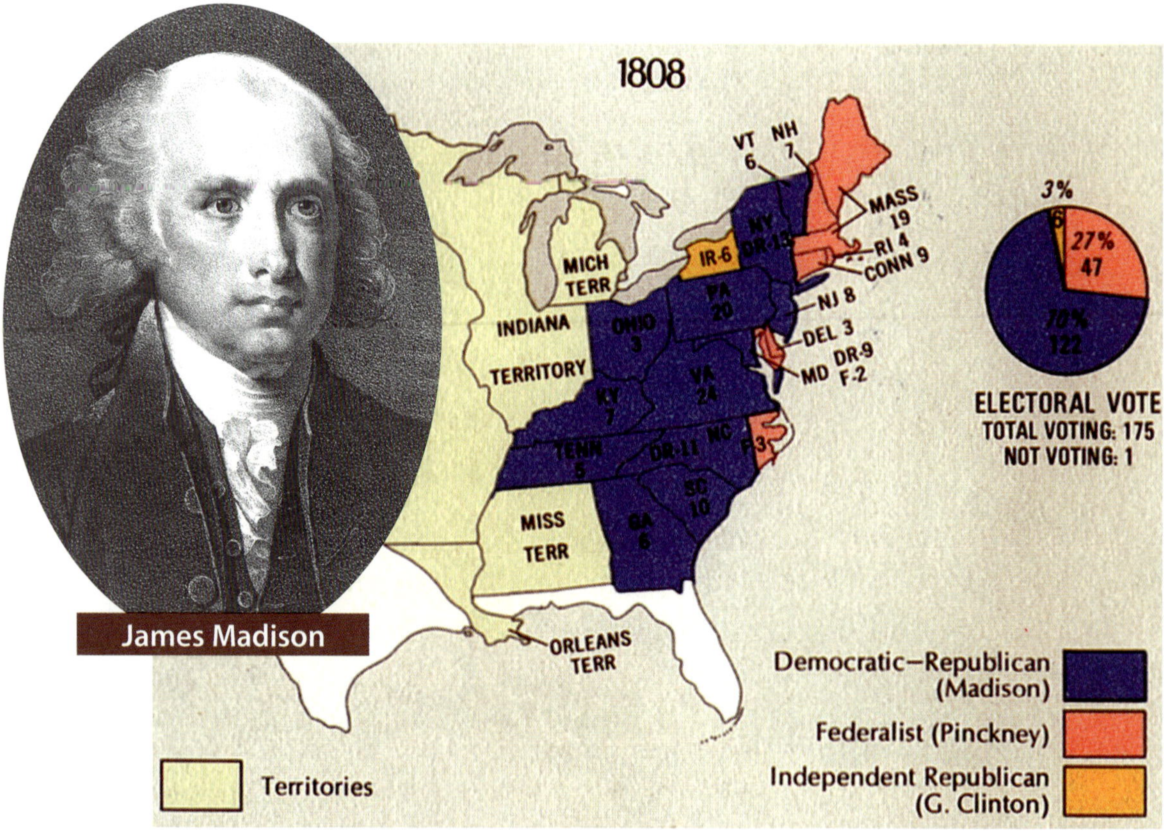

▲ Este mapa muestra los resultados de la elección presidencial de 1808.

El país se dirige a la guerra

Jefferson fue presidente durante dos mandatos. Sugirió que Madison fuera el siguiente en postularse para el cargo. Madison ganó fácilmente. En 1809, se convirtió en el cuarto presidente de Estados Unidos.

El nuevo presidente enfrentó muchos problemas. Francia finalmente dejó de molestar a los barcos estadounidenses. Pero Gran Bretaña no. Esto dañó el comercio estadounidense.

Estados Unidos había llegado a un límite. El Congreso declaró la guerra a Gran Bretaña el 18 de junio de 1812. Unos meses más tarde, Madison fue elegido para un segundo mandato como presidente.

Al principio, a Estados Unidos no le fue muy bien en la guerra de 1812. El ejército era pequeño y no estaba bien entrenado.

Gran Bretaña instaló un **bloqueo** sobre la costa estadounidense. Las mercancías no podían entrar ni salir. El pueblo estadounidense sufrió. Culpaban a la "guerra del señor Madison" por sus problemas.

Sin otra opción que combatir

Madison había tenido la esperanza de poder evitar la guerra. Le preocupaba que la marina fuera demasiado débil para derrotar a Gran Bretaña. Pero, finalmente, las cosas llegaron demasiado lejos. Sabía que el joven país tenía que defenderse. Dijo: "La paz como la tenemos ahora es vergonzosa y la guerra, honorable".

Barcos británicos bloquean la costa del este.

Por fin llega la paz

El peor día de la guerra de 1812 llegó en agosto de 1814. Los británicos atacaron Washington D. C. Incendiaron la Casa Blanca, el edificio del Capitolio y muchos otros edificios. Afortunadamente, el presidente Madison escapó a tiempo.

El combate continuó durante el resto del año. Finalmente, los estadounidenses comenzaron a ganar algunas batallas.

▲ **La quema de Washington D. C. por los británicos**

Calma bajo fuego

Los británicos no asustaron a Dolley Madison cuando atacaron Washington. Permaneció en la Casa Blanca hasta el último minuto posible. Cuando por fin huyó, llevó consigo muchos tesoros. Salvó una copia de la Declaración de Independencia. Empacó utensilios de plata y libros. Hasta se llevó un famoso retrato de George Washington que estaba colgado en la pared. ¡Un sirviente tuvo que despegarlo del marco con un hacha!

◀ Dolley Madison escapó de los británicos justo a tiempo.

Para entonces, ambos bandos estaban cansados de la guerra. Enviaron delegados a la ciudad de Gante en Bélgica. Los países redactaron un **tratado de paz** en diciembre de 1814. La mayoría de las cosas quedaban exactamente iguales que antes de la guerra. Pero ahora Estados Unidos se había ganado el respeto del mundo.

Los siguientes años fueron un gran período para Estados Unidos. El comercio creció. Se construyeron hogares y negocios. Llamaron a este período la "Era de los Buenos Sentimientos".

Últimos años en Montpelier

Los Madison dejaron Washington en 1817. Regresaron a Montpelier. En su casa, recibían muchos visitantes. A Madison le gustaba trabajar en la granja.

Thomas Jefferson vivía en las cercanías. Madison hizo muchos viajes para ver a su amigo. Ayudó a Jefferson a crear la Universidad de Virginia.

▲ **Dolley tuvo que vender Montpelier ocho años después de la muerte de Madison. Hoy en día, se pueden hacer visitas guiadas a la casa de la familia Madison.**

Madison organizaba todas sus notas, documentos y cartas. Estos documentos contaban cómo había nacido Estados Unidos. Madison tenía la esperanza de que estas palabras pudieran ser útiles a las personas en el futuro.

James Madison murió el 28 de junio de 1836. El gobierno que planificó aun sigue vivo. Muchos estadounidenses son más famosos que Madison. Pero pocos son más importantes que el Pequeño Gran Madison.

James Madison en 1833

Un argumento final

Madison regresó a la política por última vez cuando tenía 78 años. Asistió a una convención especial para modificar la Constitución de Virginia. Argumentó que el voto no debería ser únicamente para los propietarios de tierras. Debía ser para todos los hombres. Esto se convirtió en la nueva ley.

▼ La Universidad de Virginia

Glosario

bloqueo: usar barcos para impedir que un país navegue cualquiera de sus barcos dentro o fuera del puerto

convención: una reunión formal

convulsiones: ataques repentinos que hacen que el cuerpo se sacuda

delegado: una persona que se envía a una reunión para hablar en nombre de un grupo más grande de personas

democracia: un gobierno dirigido por las personas

documento: un escrito oficial

elegido: escogido por los votantes

embargo: una orden gubernamental que prohíbe el comercio con otros países

federal: relacionado con el gobierno principal de un país en vez de las secciones más pequeñas del país

milicia: un ejército formado por personas comunes y corrientes que no reciben un pago por ser soldados

Padre Fundador: una persona que fue importante en la creación de Estados Unidos

plantación: una granja grande que produce cultivos por dinero

población: la cantidad de personas que viven en un área

política: las formas en que los gobiernos y los líderes realizan su trabajo

ramas: partes separadas; partes del gobierno

ratificada: hecha oficial

rebelión: lucha en contra de las personas a cargo

transigencia: resolución de disputas dando a cada lado parte de lo que quiere

tratado de paz: el acuerdo que oficialmente pone fin a una guerra